Début d'une série de documents
en couleur

COUVERTURES SUPERIEURE ET INFERIEURE D'IMPRIMEUR

Fin d'une série de documents
en couleur

FRANÇOIS ET ANTONIN.

2ᵉ SÉRIE GRAND IN-32.

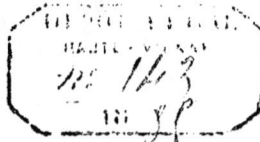

FRANÇOIS
ET ANTONIN

PAR

BERQUIN.

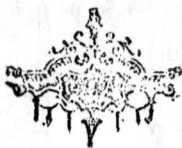

LIMOGES

EUGÈNE ARDANT ET Cie, ÉDITEURS.

FRANÇOIS ET ANTONIN

M. de Cerneuil, retenu longtemps
hors de son pays par un emploi
distingué qu'il remplissait dans les
Indes, venait enfin de se réunir à
sa famille, pour jouir en paix avec
elle du fruit de ses travaux. Il n'a-
vait qu'un seul fils, âgé d'environ
douze ans, en qui reposaient ses
plus tendres espérances. C'était

pour lui ménager les avantages
d'une brillante fortune, qu'il avait
consacré sa vie aux devoirs les plus
pénibles, loin de sa patrie et de ses
amis. Ses vues, à cet égard, avaient
été remplies au-delà de ses vœux.
Il revenait chargé de richesses :
mais, hélas ! il ne tarda guère à s'a-
percevoir combien le temps qu'il
lui en avait coûté pour les acquérir aurait été mieux employé auprès de son fils pour le bonheur
qu'il lui voulait procurer.

Madame de Cerneuil, d'un caractère d'esprit aussi faible que l'é-
tait la constitution de son corps,

avait livré le jeune Antonin aux
soins d'un gouverneur mercenaire,
qui, pour se maintenir dans sa
place, ne s'était étudié qu'à servir
les caprices de l'enfant, et à trom-
per la tendresse aveugle d'une mère
qui l'idolâtrait. Enivré des flatteries
de toutes les personnes dont il était
environné, Antonin s'était insensi-
blement fortifié dans les mauvaises
habitudes qu'on lui avait laissé
contracter dès l'enfance. Son gouverneur, d'une ignorance profonde,
mais qui égalait à peine sa bassesse,
lui faisait souvent entendre qu'avec
les trésors qu'il devait posséder un

jour il n'avait pas besoin de con-
sumer sa santé dans une étude opi-
niâtre; et que le sort, par le soin
qu'il avait pris de sa fortune, l'avait
trop bien distingué du reste des
mortels, pour l'assujétir aux mêmes travaux. Ces perfides insinua-
tions, qui s'accordaient si bien
avec la lâcheté naturelle de son
élève, avaient achevé de corrompre
son cœur et son esprit. Antonin
était devenu faux, insensible aux
affections de ses semblables, et
d'une vanité si révoltante, qu'il
méprisait comme des bêtes de
somme tous ceux qui n'étaient pas

aussi riches que lui. De toutes les
histoires dont le gouverneur amu-
sait son oisiveté, il ne prêtait l'o-
reille qu'à celles qui portaient un
caractère d'effronterie et d'orgueil.
Les traits de courage, de grandeur
d'âme et d'humanité ne faisaient
aucune impression sur lui, et jamais ses yeux ne s'étaient baignés
de ces douces larmes que le récit
d'une bonne action fait couler au
fond des cœurs généreux.

Cet odieux caractère ne se ca-
cha pas longtemps aux regards de
M. de Cerneuil. Quelle funeste dé-
couverte pour un père tendre, qui

revolant du bout de la terre vers
son fils, dans l'espérance de trouver un jour en lui la consolation et
la gloire de sa vieillesse, n'y voyait
déjà qu'un sujet de honte et de
désespoir. Son premier soin fut
de chasser de la maison l'indigne
gouverneur. Malgré les infirmités
dont il commençait déjà à ressen-
tir l'atteinte, il résolut de se char-
ger seul de remédier au vice de l'é-
ducation de son fils. Il crut cependant qu'il réussirait mieux dans
cette entreprise, en plaçant auprès
de lui un enfant de son âge et d'un
heureux caractère, dont la conduite

pût lui inspirer une noble émula-
tion. Le choix d'un pareil sujet ne
lui parut pas devoir être remis au
hasard. Depuis plusieurs semaines
il faisait des recherches infruc-
tueuses, lorsqu'en se promenant
un jour dans la campagne, pour
mieux rêver à son projet, il aper-
çut, à l'entrée d'un village, de jeunes enfants qui s'exerçaient à la
course. L'un d'eux avait une figure
si heureuse, qu'au premier aspect
elle captiva la bienveillance de
M. de Cerneuil. Il s'approcha de
lui, le questionna avec douceur,
et en reçut des réponses naïves et

touchantes, qui fortifièrent dans son cœur le tendre intérêt que sa physionomie y avait fait naître. Il apprit de lui qu'il était l'aîné de six enfants du médecin du village, dont les moyens suffisaient à peine à l'entretenir, lui et sa famille, dans la plus étroite médiocrité.

Ces détails ayant fait concevoir à M. de Cerneuil quelques espérances, il pria le jeune garçon, qui se nommait François, de le conduire chez son père. Celui-ci était un homme sage, que son habileté aurait pu faire jouir, dans la capitale, de toute la considération de

son état. Modeste et calme dans ses
désirs, il préférait à l'éclat bruyant
de la ville la douceur d'une vie
retirée à la campagne, le plaisir d'y
faire du bien à ses malheureux
habitants, et le devoir de consa-
crer ses soins à sa nombreuse famille. Sa femme, jeune encore,
avait embrassé tous ses goûts; et
la sagesse semblait partager avec
le bonheur l'empire de leur maison.

M. de Cerneuil, après les avoir
quelque temps entretenus de leurs
enfants, pour mieux reconnaître les
principes qu'ils avaient suivis dans

leur éducation, trouva bientôt qu'ils
se rapportaient à toutes ses idées.
Dans le transport de sa joie, il prit
la main du médecin, et lui fit part
des vues qu'il avait formées sur
son fils, en l'assurant qu'il l'élè-
verait lui-même comme le sien, et
qu'il prenait dès ce moment sur lui
le soin de sa fortune. La probité
reconnue de M. de Cerneuil, la
renommée de son crédit et de ses
richesses, auraient fait accepter ses
offres sans balancer à des parents
moins tendres et plus ambitieux.
Mais eux, comment consentir à l'é-
loignement d'un fils qui faisait leurs

plus chères délices! Et François
lui-même, comment se séparer de
ses parents, qu'il chérissait avec
tant d'amour! Plus ils lui oppo-
saient de résistance, et plus M. de
Cerneuil, excité par de nouveaux
sentiments d'estime, s'attachait à
son dessein. Enfin il redoubla ses
instances avec tant de force, qu'il
parvint à les ébranler. La facilité
de voir souvent leur fils, l'espoir
que son avancement, devenu plus
rapide, pourrait un jour servir à
celui de ses frères et de ses sœurs,
achevèrent de les vaincre; et M. de
Cerneuil les quitta, emportant dans

son cœur la plus douce satisfaction.

Au bout des trois jours que les
parents de François avaient de-
mandés pour mettre leur fils en
état de se produire à la ville,
M. de Cerneuil parut à la porte de
leur maison. Je ne chercherai point
à vous peindre tous les regrets qu'y
fit naître le départ d'un enfant si
chéri. François, qui avait eu la
force de retenir ses pleurs en présence de sa mère, de peur d'aug-
menter sa tristesse, ne se vit pas
plus tôt emporté par la voiture, qu'il
laissa échapper de ses yeux un
torrent de larmes. M. de Cerneuil

ne cherchait d'abord à en inter-
rompre le cours que par de muettes
caresses. Puis, lorsqu'il les vit un
peu s'arrêter, il prit François dans
ses bras, et le serrant contre son
sein : Ne t'afflige point, mon ami,
lui dit-il. Tu vois en moi un second père, qui veut te chérir aussi
tendrement que celui que la nature
t'a donné. Sois doux, honnête, la-
borieux, et rien ne manquera jamais à ton bonheur.

Le cœur de François fut un peu
soulagé par des marques d'affection
si touchantes. Il embrassa M. de
Cerneuil à son tour. Eh bien! oui,

2

s'écria-t-il, soyez mon autre père.
Je veux me rendre digne de toute
votre amitié.

M. de Cerneuil établit François
dans sa maison, comme un enfant
qu'il aurait reçu au retour d'un
long voyage. Il prescrivit à ses
gens d'avoir pour lui les mêmes
égards que pour son propre fils.
L'humeur douce et sensible de
François ne tarda guère à lui con-
cilier l'affection de tous ceux qui
l'approchaient. Antonin fut le seul
qui ne put le voir sans un sentiment de dépit. Il comprit bientôt
que la présence de cet émule lui

imposait la nécessité de changer de
conduite, et de devenir plus stu-
dieux. Ne pouvant trouver dans
son cœur aucune juste raison pour
motiver sa haine, il croyait François assez digne de ses mépris,
parce qu'il était né au village, et
que son origine n'était pas aussi
élevée que la sienne. Cependant la
crainte qu'il avait de son père le
forçait de cacher ces sentiments au
fond de son cœur, et de les dégui-
ser même sous une apparence d'a-
mitié. François, qui ne pouvait
soupçonner dans les autres une
fausseté qui lui était si étrangère,

s'attachait tendrement à lui. Il
cherchait à le soutenir dans ses
efforts, à lui faciliter ses travaux;
et il supportait ses caprices et ses
hauteurs comme l'on supporte les
défauts de ceux que l'on aime.

Son intelligence, déjà exercée
par les soins de son père, ne trou-
vait rien dans l'étude qui fût capa-
ble de la rebuter. Doué d'une pé-
nétration vive et d'une mémoire
prodigieuse, animé surtout par le
désir de répondre aux encourage-
ments de M. de Cerneuil, il faisait
des progrès si rapides, que ses
maîtres avaient peine à les conce-

voir. Il ne se livrait pas avec moins
d'avantage aux exercices du corps.
Ses manières prenaient de la grâce,
en même temps que son esprit re-
cevait des lumières et que son
âme s'ouvrait à de nobles sentiments. M. de Cerueuil l'aimait tous
les jours avec une nouvelle tendresse. Il en était de même des
étrangers. On ne le voyait point
deux fois sans prendre un vif intérêt à sa personne. Poli sans affectation, empressé sans bassesse, en-.
joué sans étourderie, il semblait
que sa présence répandît la joie et
le bonheur dans toute la maison.

Au milieu de tant de succès, François, loin de se laisser surprendre
aux illusions de l'orgueil, n'en de-
venait que plus modeste. Quoiqu'il
ne pût se dissimuler sa supériorité
sur Antonin, il aurait voulu pouvoir en douter lui-même, et bien
plus encore, la dérober aux regards
des autres, de peur d'humilier son
ami. Il était le premier à le faire
valoir ou à le défendre. Ah! se di-
sait-il en secret, si mon protecteur
n'avait eu tant de bontés pour moi,
s'il ne m'avait donné tant de faci-
lités pour acquérir des connaissances, malgré les tendres soins de

mon père, je serais encore bien
loin de savoir le peu que je sais.
D'autres enfants, à ma place, auraient peut-être mieux profité des
faveurs du Ciel. Antonin lui-même
m'aurait déjà surpassé, s'il se fût
trouvé dans ma situation et moi
dans la sienne. Il peut se passer
d'instruction plus que moi. C'est
le besoin où je suis de m'instruire
qui a tout fait.

Huit années s'écoulèrent ainsi,
pendant lesquelles François acheva
d'acquérir toutes les qualités qui
sont le fruit de l'éducation la plus
distinguée. Le temps et la place

manqueraient à mes désirs pour
vous présenter le tableau des connaissances dont il avait orné sa
raison. Mais pour Antonin, il serait
encore plus long de vous détailler
toutes celles qu'il n'avait pas. Sa
suffisance naturelle lui avait per-
suadé qu'avec des mots de quelques
sciences, qui lui étaient restés de
ses leçons, il en savait autant que
les maîtres les plus habiles. A l'é-
gard de son naturel, le fond n'en
était guère changé. La crainte de
son père avait bien un peu retenu
l'impétuosité de ses vices; mais en
revanche elle lui en avait donné un

de plus, c'est-à-dire l'hypocrisie .
pour les masquer.

M. de Cerneuil, dont l'œil pénétrant les démêlait à travers ce voile,
aurait déjà succombé sous le poids
de ses chagrins, si la bonne conduite de François n'eût porté dans
son âme de douces consolations. Cependant, lorsqu'Antonin eut atteint
sa vingtième année, elles ne purent
tenir contre l'effroi des travers où
il prévoyait que ce fils allait se précipiter à son entrée dans le monde.
Au milieu de ces cruels déchire-
ments de son cœur, il fut attaqué
d'une maladie violente, dont il

mourut au bout de quelques jours, malgré les soins affectueux qu'il reçut de François jusqu'au fatal moment qui les sépara pour jamais.

Antonin n'eut pas plus tôt rendu les derniers devoirs à M. de Cerneuil, que libre du frein de ses passions, il se livra tout entier à son caractère. Ingrat à la mémoire d'un père respectable, dans la personne du second fils qu'il avait adopté, oubliant ce qu'il devait lui-même à son émule, il lui ferma outrageusement sa porte, et courut s'établir sur ses terres, pour s'y dédomma-

ger de la contrainte qu'il avait
éprouvée, par la licence d'une vie
tumultueuse et sauvage.

Que le cœur de François était
agité de mouvements bien diffé-
rents! Rentré dans la médiocrité
de la maison paternelle, ce n'était
point sur le changement de sa situation qu'il poussait des gémissements : M. de Cerneuil avait
pourvu, pour l'avenir, aux besoins
de sa vie. Eh! pouvait-il s'occuper
de lui-même, lorsqu'il venait de
perdre son bienfaiteur? C'était lui
seul qui faisait naitre ses regrets,
cet homme généreux qui avait pris

soin de ses jeunes années, qu'il
était accoutumé à regarder comme
son père, et dans lequel il en avait
trouvé tous les sentiments. Une
maladie, causée par la douleur de
sa perte, le conduisit jusqu'aux
portes du tombeau, qu'il voulait
s'ouvrir pour le rejoindre. Dans
les plus violents accès de son dé-
lire, il ne lui échappait que le nom
de M. de Cerneuil. Il le donnait
même à son père, lorsque, sans le
reconnaître, il le voyait assis au
chevet de son lit. On craignit longtemps pour sa vie, et il ne fut re-
devable de sa guérison qu'aux vœux

et aux soins redoublés d'une famille
qui semblait toute entière ne respi-
rer que pour lui.

Après avoir donné quelques mois
au plaisir qu'elle avait de le voir
rétabli, et de jouir du charme de
ses talents et de ses vertus, François retourna à Paris, et reprit ses
études ordinaires avec plus d'ar-
deur et de fruit que jamais. Toutes
les personnes dont il s'était concilié
l'amitié dans la maison de M. de
Cerneuil se réunirent pour lui procurer une place avantageuse. Le
duc de***, après le cours de ses
études, se disposait à parcourir

l'Europe. François fut présenté aux
parents de ce jeune seigneur pour
l'accompagner. Quoiqu'il parût
bien jeune lui-même à leurs yeux,
il sut les prévenir d'une manière
si favorable sur sa conduite, qu'ils
crurent ne pouvoir donner à leur
fils un gouverneur plus intelligent
et plus sûr. Les connaissances qu'il
avait acquises par ses lectures trou-
vèrent dans ces voyages mille occa-
sions de s'étendre et de se déve-
lopper. Les grâces de son esprit et
de ses manières le firent rechercher
avec empressement dans toutes les
cours. Plusieurs princes étrangers

voulurent même l'attacher à leur
personne, avec des distinctions
flatteuses. Mais les engagements
qu'il avait pris avec la famille du
jeune seigneur le rendirent insensible aux propositions les plus bril-
lantes. Il ne fut pas longtemps
sans recevoir le prix de sa fidélité.
A peine avait-il ramené son élève
dans les bras de ses parents, que
l'un d'eux ayant été envoyé dans
une des principales cours étrangè-
res, le fit nommer secrétaire d'am-
bassade. Pendant une longue maladie de l'ambassadeur, François le
remplaça dans ses fonctions; et il

sut les remplir avec tant d'habileté,
que de l'aveu du ministre, il fut
chargé d'une négociation très déli-
cate, où il eut le bonheur et la
gloire de rendre le service le plus
important à sa patrie.

Antonin, dans cet intervalle,
avait eu un sort bien différent. Nous
l'avons laissé sur ses terres, passant
honteusement ses journées à chasser
ses lièvres et à tourmenter ses vas-
saux. L'oisiveté d'une semblable
vie avait achevé d'abrutir ses
mœurs, et son esprit était devenu
de la plus grossière rusticité. Une
querelle qu'il eut avec un gentil-

homme voisin, l'ayant forcé d'a-
bandonner son château, il revint
dans la capitale. Sa mère, pour
donner plus de faveur à son éta-
blissement, voulut le placer dans
la maison d'un prince qui avait eu
beaucoup d'attachement pour son
père; mais il y fut à peine reçu,
qu'au milieu d'une fête il se com-
porta d'une manière si insolente
envers une dame du plus haut rang,
que le prince fut dans la nécessité
de le chasser honteusement de son
palais.

Antonin, après cette aventure,
se vit rebuté de toutes les sociétés

3

honnêtes, où le nom de son père
l'avait fait accueillir. Incapable de
trouver aucune ressource ni dans
ses réflexions ni dans l'étude, il
se laissa emporter au torrent des
mauvaises compagnies. Comme il
ne pouvait remettre les pieds sur
ses terres, après l'affront qu'il y
avait reçu, il engagea sa mère à les
vendre, sous le prétexte spécieux
d'en acheter d'autres à sa conve-
nance, mais avec le dessein secret
d'en employer le prix à fournir à
ses dissipations. Le jeu ruineux
auquel il se livra l'eût bientôt dé-
pouillé de ses richesses, et la dé-

bauche en même temps porta le désordre dans sa santé. Après avoir réduit sa mère à se contenter d'une modique pension, afin de faire honneur à ses dettes, il prit un jour ce qui lui restait, pour aller cacher sa honte dans l'étranger. Le hasard le conduisit dans la ville où François, à son insu, jouissait de la plus haute considération. La passion du jeu avait suivi le malheureux Antonin. La fortune lui fut d'abord assez favorable, et sa grande dépense lui procura du crédit. Mais ses affaires ne tardèrent pas longtemps à se déranger.

Dans l'impuissance où il se trouva
bientôt de satisfaire à ses créanciers,
qu'il avait trompés indignement,
ils le firent traîner en prison. Ce
fut par l'éclat d'une si honteuse
disgrâce que son nom parvint aux
oreilles de François. « Le fils de mon
bienfaiteur dans une prison ! » s'é-
cria-t-il, oubliant tous les outrages
qu'il en avait reçus. Il vola soudain
vers son cachot. Mais, hélas ! dans
quel horrible état il le trouva ! Pâle,
défiguré, exténué par la misère,
rongé de maux cruels, bourrelé de
remords, et livré à toutes les con-
vulsions de la rage et du désespoir.

Il brise aussitôt ses fers, l'arrache
de cet affreux séjour, le fait trans-
porter dans sa maison, et s'em-
presse de lui prodiguer les soins
les plus touchants. Il aurait sacrifié
sa fortune pour le rappeler à la
vie, et devenir l'auteur de sa féli-
cité. Mais le coup vengeur était
déjà porté dans les arrêts du ciel.
Antonin ne survécut que de quelques jours à cet événement. François fut touché de sa mort, comme
s'il eût perdu l'ami le plus tendre.
Il ne pouvait se consoler de n'avoir
pu rendre au fils de son bienfaiteur
tous les secours qu'il en avait reçus.

Cette pensée accabla longtemps son esprit. Il n'avait que de tristes images devant les yeux. Elles le détournaient de tous ses travaux. Mais l'amour du devoir, et l'empire qu'il s'était accoutumé à prendre sur lui-même, le rendirent enfin aux fonctions de sa place ; et il continua de les remplir avec un zèle et une intégrité qui le portèrent bientôt à un poste éminent.

LE BON FILS.

Monsieur de ***, allant joindre
son régiment, il y a dix à douze
ans, s'occupa, pendant sa route, à
faire quelques recrues dont il avait
besoin pour compléter sa compa-
gnie. Il trouva plusieurs hommes
dans une petite ville, où il de-
meura une semaine. L'avant-veille
de son départ, il se présenta encore
un jeune homme de la plus haute

taille, et de la figure la plus inté-
ressante. Il avait un air de candeur
et d'honnêteté qui prévenait pour
lui. M. de *** ne put s'empêcher,
à la première vue, de souhaiter
d'avoir cet homme dans sa compa-
gnie. Il le vit trembler en deman-
dant qu'on l'engageât. Il prit ce
mouvement pour l'effet de la timi-
dité, et peut-être de l'inquiétude
que peut avoir un jeune homme
qui sent le prix de la liberté, et qui
ne la vend pas sans regrets. Il lui
montra ses soupçons, en tâchant
de le rassurer. — Ah! Monsieur,
lui dit le jeune homme, n'attribuez

pas mon désordre à d'indignes mo-
tifs. Il ne vient que de la crainte
d'être refusé. Vous ne voudrez peut-
être pas de moi, et mon malheur
serait affreux. Il lui échappa quelques larmes en achevant ces mots.
L'officier ne manqua pas de l'as-
surer qu'il serait enchanté de le
satisfaire, et lui demanda vite quel-
les étaient ces conditions.

— Je ne vous les propose qu'en
tremblant, répondit le jeune homme ; elles vous dégoûteront peut-
être : je suis jeune, vous voyez ma
taille, j'ai de la force, je me sens
toutes les dispositions nécessaires

pour servir; mais la circonstance
malheureuse dans laquelle je me
trouve me force de me mettre à un
prix que vous trouverez sans doute
exorbitant. Je ne puis rien en di-
minuer. Croyez que sans des rai-
sons trop pressantes je ne vendrais
point mon service : mais la nécessité m'impose une loi rigoureuse;
je ne puis vous suivre à moins de
cinq cents livres, et vous me per-
cez le cœur si vous me refusez.

— Cinq cents livres! reprit l'officier; la somme est considérable,
je l'avoue; mais vous me convenez,
je vous crois de la bonne volonté.

je ne marchanderai point avec vous,
je vais vous compter votre argent.
Signez, et tenez-vous prêt à partir
après-demain avec moi.

Le jeune homme parut pénétré
de la facilité de M. de ***. Il
signa gaîment son engagement, et
reçut les cinq cents livres avec autant de reconnaissance que s'il les
avait eues en pur don. Il pria son
capitaine de lui permettre d'aller
remplir un devoir sacré, et lui pro-
mit de revenir à l'instant.

M. de *** crut remarquer quelque chose d'extraordinaire dans ce
jeune homme. Curieux de s'éclair-

cir, il le suivit sans affectation. Il
le vit voler à la prison de la ville,
frapper avec une vivacité singulière
à la porte, et se précipiter dedans
aussitôt qu'elle fut ouverte. Il l'en-
tendit dire au geôlier :

— Voilà la somme pour laquelle
mon père a été arrêté, je la dépose
entre vos mains; conduisez-moi
vers lui, que j'aie le plaisir de bri-
ser ses fers. L'officier s'arrête un
moment pour lui laisser le temps
d'arriver seul auprès de son père,
et s'y rend ensuite après lui. Il
voit ce jeune homme dans les bras
d'un vieillard, qu'il couvre de ses

caresses et de ses larmes, à qui il
apprend qu'il vient d'engager sa
liberté pour lui procurer la sienne.
Le prisonnier l'embrasse de nou-
veau. L'officier attendri s'avance.

— Consolez-vous, dit-il au
vieillard ; je ne vous enlèverai point
votre fils. Je veux partager le mé-
rite de son action. Il est libre ainsi
que vous, et je ne regrette point
une somme dont il a fait un si noble
usage. Voilà son engagement, et
je le lui remets.

Le père et le fils tombent à
ses pieds ; le dernier refuse la liberté qu'on lui rend. Il conjure le

capitaine de lui permettre de le suivre; son père n'a plus besoin de
lui; il ne pourrait que lui être à
charge. L'officier ne peut le refuser.
Le jeune homme a servi le temps
ordinaire. Il a toujours épargné
sur sa paie quelques petits secours
qu'il a fait passer à son père, et
lorsqu'il a eu le droit de demander
son congé, il en a profité pour aller
servir ce vieillard, qu'il nourrit ac-
tuellement du travail de ses mains.

LA CICATRICE.

Ferdinand avait reçu de la nature une âme pleine de noblesse et
de générosité. Son esprit était vif
et pénétrant, son imagination forte
et sensible, son humeur franche et
joyeuse, et ses manières avaient
une grâce animée qui lui conciliait
tous les cœurs.

Avec tant de qualités aimables,
il avait un défaut bien incommode

pour ses amis, celui de s'affecter
trop vivement des moindres im-
pressions, et de s'abandonner en
aveugle à tous les mouvements
qu'elles excitaient dans son âme.

Lorsqu'il jouait avec ses cama-
rades, la plus légère contradiction
irritait ses esprits fougueux ; on
voyait le feu de la colère enflammer
tout-à-coup son visage ; il trépi-
gnait des pieds, poussait des cris,
et se livrait à toutes les violences
de l'emportement.

Un jour qu'il se promenait à
grands pas dans sa chambre, en
rêvant aux préparatifs d'une fête

que son papa lui avait permis de
donner à sa sœur, Marcelin, son
ami et son confident, vint pour lui
communiquer les idées qui lui
étaient venues à ce sujet. Ferdinand,
plongé dans la rêverie, ne l'avait
pas aperçu. Marcelin, après l'avoir
inutilement appelé assez haut, se
mit à le tirailler deux ou trois fois
par le pan de son habit, pour s'en
faire remarquer. Ferdinand, impa-
tienté de ces secousses, se retourna
brusquement, et repoussa le pauvre
Marcelin avec tant de rudesse,
qu'il l'envoya tomber à la renverse
à l'autre bout de la chambre.

4

Marcelin restait là étendu sans aucune apparence de vie et de sentiment ; et, comme sa tête avait porté contre la corniche saillante d'une armoire, le sang coulait à grands flots de ses tempes.

Dieu ! quel spectacle pour le malheureux Ferdinand, qui n'avait certainement jamais eu dans son cœur l'intention de faire du mal à son ami, pour lequel il aurait donné la moitié de sa vie !

Il se précipite à son côté, en disant avec de grands cris : « Il est mort, il est mort ! J'ai tué mon cher Marcelin, mon meilleur ami ! » Au

lieu de songer aux moyens de lui
donner des secours, il demeurait
couché auprès de lui, en poussant
les plus tristes sanglots.

Heureusement son père avait
entendu ses gémissements. Il ac-
courut, prit Marcelin dans ses bras,
l'emporta dans son lit, lui fit res-
pirer des sels, et lui jeta au visage
quelques gouttes d'eau fraîche, qui
le firent bientôt revenir à lui.

Le retour de Marcelin à la vie
fit naître une vive joie dans le cœur
de Ferdinand; mais elle ne fut pas
assez puissante pour calmer entièrement sa douleur.

On visita la blessure. Il s'en fallait de bien peu qu'elle ne fût dangereuse, et peut-être mortelle.

Marcelin, transporté dans la maison de son père, eut un accès de fièvre très violent. Sa tête était prise ; et il commença bientôt à délirer.

Ferdinand ne s'éloigna pas un moment de son chevet. Il gardait un morne silence ; car personne ne lui adressait la parole. On ne cherchait ni à le consoler ni à l'affliger.

Marcelin l'appelait sans cesse dans ses rêveries. « Mon cher Fer-

dinand, s'écriait-il, que t'ai-je
donc fait pour que tu m'aies traité
si méchamment? Ah! tu dois être
encore plus malheureux que moi,
de m'avoir blessé sans sujet. Ne
t'afflige pas, je te pardonne. Par-
donne-moi aussi de t'avoir fait
mettre en colère, je ne voulais pas
te fâcher. »

Ces discours que Marcelin lui
adressait sans le voir, quoiqu'il fût
devant ses yeux et qu'il lui tint la
main, redoublaient encore la tristesse de Ferdinand.

Chaque trait de tendresse était un
coup de poignard pour son cœur.

Enfin, Dieu voulut que la fièvre se calmât peu à peu, et que la plaie commençât à guérir. Au bout de six jours, Marcelin fut en état de se lever.

Qui pourrait se représenter la joie de Ferdinand? Ah! certainement personne, à moins qu'il n'ait senti une fois dans sa vie la douleur qu'il éprouva aussi longtemps qu'il fut témoin des souffrances de son ami.

Lorsqu'il fut entièrement rétabli, Ferdinand reprit un visage serein, et, sans qu'on eût besoin de lui faire d'autres leçons, il travailla de

toute la force de son caractère à
vaincre cette humeur emportée qui
le dominait.

Marcelin ne garda de sa chute
qu'une cicatrice légère à la tempe.
Ferdinand ne la regardait jamais
sans émotion, même dans un âge
plus avancé. Toutes les fois qu'il
rencontrait Marcelin, il le baisait
sur cette cicatrice, qui devint le
sceau de la tendre intimité dont
ils furent unis l'un à l'autre dans
tout le cours de leur vie.

LES CERISES.

Julie et Firmin obtinrent un jour de madame Dumesnil, leur maman, la permission d'aller jouer seuls dans le jardin. Ils avaient mérité cette confiance par leur réserve et par leur discrétion.

Ils jouèrent pendant quelque temps avec cette gaîté paisible à laquelle il est si facile de reconnaître les enfants bien élevés.

Contre les murs du jardin étaient

palissadés plusieurs arbres, parmi
lesquels on distinguait un jeune
cerisier qui portait pour la première fois. Ses fruits se trouvaient
en très petite quantité; mais ils
n'en étaient que plus beaux. Madame Dumesnil n'en avait point
voulu cueillir, quoiqu'ils fussent
déjà mûrs : elle les réservait pour
le retour de son mari, qui devait
ce jour même arriver d'un long
voyage.

Comme ses enfants étaient accou-
tumés à l'obéissance, et qu'elle
leur avait sévèrement défendu,
une fois pour toutes, de cueillir

d'aucune espèce de fruits du jardin, ou de ramasser même ceux
qu'ils trouveraient à terre pour les
manger sans permission, elle avait
cru inutile de leur parler du cerisier.

Lorsque Julie et Firmin se furent assez exercés à la course sur
la terrasse, ils se promenèrent len-
tement le long des murs du verger.
Ils regardaient les beaux fruits sus-
pendus aux arbres, et s'en réjouis-
saient.

Ils arrivèrent bientôt devant le
cerisier. Une légère secousse de
vent avait fait tomber à ses pieds

toutes ses plus belles cerises. Firmin fut le premier à les voir ; il les
ramassa, mangea les unes, et
donna les autres à sa sœur, qui
les mangea aussi. Ils en avaient
encore les noyaux dans la bouche,
lorsque Julie se rappela la défense
que leur avait faite leur maman, de
manger d'autres fruits que ceux
qu'on leur donnait.

— Ah ! mon frère, s'écria-t-elle,
nous avons été désobéissants, et
maman se fâchera contre nous.
Qu'allons-nous faire ?

— Maman n'en saura rien, si
nous voulons.

—Non, non, il faut qu'elle le sa-
che. Tu sais qu'elle nous pardonne
souvent les plus grandes fautes,
lorsque nous allons les lui avouer
de nous-mêmes.

— Oui : mais nous avons été désobéissants, et jamais elle n'a par-
donné la désobéissance.

— Lorsqu'elle nous punit, c'est
par tendresse pour nous ; et alors
il ne nous arrive plus de sitôt
d'oublier ce qui nous est permis et
ce qui nous est défendu.

— Oui, ma sœur ; mais elle est
toujours fâchée de nous punir, et

cela me ferait de la peine de la voi
fâchée.

— Et à moi aussi. Mais ne le sera-
t-elle pas encore davantage, si elle
vient à découvrir que nous avons
voulu lui cacher notre faute? Ose-
rons-nous la regarder en face, lorsque nous entendrons un reproche
secret dans notre cœur? Ne rougi-
rons-nous point lorsqu'elle nous
appellera ses chers enfants, et que
nous ne le mériterons plus?

— Ah! ma sœur, que nous serions
de petits monstres! Allons, allons
la trouver, et lui dire ce qui nous
est arrivé.

Ils s'embrassèrent l'un et l'autre, et ils allèrent trouver leur maman en se tenant par la main.

—Ma chère maman, dit Julie, nous avions oublié vos défenses. Punissez-nous comme nous l'avons mérité ; mais ne vous mettez point en colère ; nous aurions de la peine, si cela vous donnait du chagrin.

Julie alors lui raconta la chose comme elle s'était passée, et sans chercher à s'excuser. Madame Dumesnil fut si touchée de la candeur de ses enfants, qu'il lui en échappa des larmes de tendresse. Elle ne voulut les punir de leur faute

qu'en leur en accordant le généreux pardon. Elle savait bien que
sur des enfants nés avec une belle
âme, le souvenir des bontés d'une
mère fait une impression plus
profonde que celui de ses châti-
ments.

FIN.

TABLE.

—

FIN DE LA TABLE.

Limoges. — Impr. EUGÈNE ARDANT et Cie

Original en couleur

NF Z 43-120-8